Claudia Lander

Kleine Lesetiger
Schulgeschichten

Illustriert von Kerstin Völker

Der Umwelt zuliebe ist dieses Buch auf chlorfrei gebleichtem Papier gedruckt.

ISBN 3-7855-4109-0 – 1. Auflage 2001
© 2001 Loewe Verlag GmbH, Bindlach
Umschlagillustration: Kerstin Völker
Reihengestaltung: Angelika Stubner
Redaktion: Rebecca Schmalz
Herstellung: Heike Piotrowsky
Gesamtherstellung: L.E.G.O. S.P.A., Vicenza
Printed in Italy

www.loewe-verlag.de

Inhalt

Der Bücherwurm 8
Retter in letzter Not 16
Bunt wie ein Papagei 25
Prinz, der Kicker 34

Der Bücherwurm

Wütend starrt Alex auf
das Leihregal in ihrer Klasse.
Schon wieder fehlt ein Buch!

Und nirgends steht,
wer es sich ausgeliehen hat!

Das heißt, jemand in ihrer Klasse klaut
Bücher. Alex wird den Dieb stellen.
Das steht fest!

Nach der letzten Stunde
stürmen alle zur Tür hinaus.

Nur Alex putzt noch die Tafel.
Als niemand mehr im Zimmer ist,
versteckt sie sich schnell dahinter.

Es passiert lange nichts.
Doch dann öffnet sich langsam die Tür.

Und wer kommt herein?
Oliver aus der zweiten Klasse.

Er schleicht zum Leihregal
und nimmt sich ein Buch heraus.

Da tritt Alex wütend hinter
der Tafel vor und fragt:
„Wieso klaust du unsere Bücher?"

Oliver zuckt zusammen.
Das Buch fällt ihm aus der Hand.

Er murmelt: „Ich klaue nicht! Die Bücher aus dem Leihregal in meiner Klasse habe ich alle schon gelesen.

Da habe ich mir heimlich welche von euch ausgeliehen. Was soll ich denn sonst lesen?"

Alex starrt Oliver erstaunt an.
Der greift unter seine Jacke und zieht
ein Buch hervor: „Das wollte ich wieder
zurückstellen."

„Und genau das habe ich gesucht",
sagt Alex. „Ist es spannend?"

Oliver nickt und bückt sich.
Er hebt das andere Buch auf und will
es wieder ins Regal stellen.

„Warte!", sagt Alex. „Ich leih es für dich
aus. Wir Bücherwürmer müssen doch
zusammenhalten."

Retter in letzter Not

Gleich geht es los!
Marliese guckt neugierig
durch den Spalt im Vorhang.

Alle sind da, um sich das Musikstück
anzuhören: die Eltern, die Lehrer und
die anderen Schüler.

Ob sie auch alles richtig spielt?
Marliese hat viel auf ihrer Flöte geübt.
Trotzdem ist sie aufgeregt.

Sie zappelt von einem Bein auf das andere. Scheppernd fällt ihre Flöte auf den Boden.

Paul neben ihr hebt die Flöte auf.
„Das klappt schon", sagt er
und lächelt sie an.

Marliese braucht keinen Trost,
schon gar nicht von Paul,
dem Liebling aller Lehrer.

„Klar", brummt Marliese deshalb nur
und marschiert mit den anderen auf
die Bühne. Paul steht direkt neben ihr.
Auch das noch!

Der Lehrer gibt das Startzeichen.
Alle legen los.

Auch Marliese bläst kräftig in
ihre Flöte. Aber was ist das denn?

Die Flöte klingt ganz schief.
Paul guckt sie komisch an.
Ob sie falsch gespielt hat?

Verstohlen betrachtet Marliese ihre Flöte. Da sieht sie es!

Die Flöte hat einen kleinen Riss. „Das ist passiert, als sie runtergefallen ist", denkt Marliese und flötet nur noch ganz leise.

Aber sogar Katrin und Klaus starren sie wütend an. Was soll sie jetzt nur tun?

Da flüstert ihr Paul schnell zu: „Tu nur so, als ob du spielst. Ich flöte lauter. Das merkt keiner!"

Das ist eine super Idee!
Marliese schaut Paul dankbar an.

Paul blinzelt ihr verschmitzt zu
und bläst kräftig in die Flöte.
Marliese bewegt nur ihre Finger.
Es klappt, keiner merkt etwas!

Alle klatschen begeistert.
Marliese strahlt und verneigt sich.

„Danke", flüstert sie Paul zu.
Und der zwinkert zurück.

Bunt wie ein Papagei

„Los, Chris, beeil dich",
ruft Lena. „Wir haben Sport!"

Sport? Oh nein!
Zerknirscht murmelt Chris:
„Geht nicht. Ich hab schon wieder
meinen Turnbeutel vergessen!"

„Wir brauchen dich aber",
sagt Lena. „Heute spielen wir doch
Völkerball gegen die 2b!"

Sie setzt sich neben Chris
auf die Treppe und grübelt.

Plötzlich springt sie auf:
„Ich hab's, wir leihen dir einfach
Turnsachen zusammen!"

„Ohne mich", protestiert Chris.
Aber Lena zieht sie hinter sich her
in den Umkleideraum der Turnhalle.

„Hört mal alle her", ruft Lena.
„Chris hat ihr Turnzeug vergessen.
Wer kann ihr was ausleihen?"

Ein paar Schüler lachen,
aber Lena pfeift sie zusammen:
„Ohne Chris gewinnen wir nie!"

Da kramen alle eifrig in ihren
Taschen und Beuteln herum.
„Das klappt nicht", murmelt Chris.

Plötzlich hält Tina
eine bunt geblümte Leggings hoch.
„Was meint ihr dazu?", fragt sie.

Lena nickt. „Das müsste gehen."
Sie gibt Chris die Leggings.

„Ich habe eh zwei T-Shirts dabei",
meint Clara und reicht Chris
ein gestreiftes T-Shirt.

Und ein paar alte Turnschuhe
mit kleinen Löchern tauchen
auch noch in einer Tasche auf.

Chris probiert alles an.

Die Leggings ist etwas zu kurz.
Das T-Shirt ist etwas weit.
Und aus den Turnschuhen
schimmern ihre roten Socken.

„So spiele ich auf keinen Fall mit",
sagt Chris entrüstet. „Ich sehe ja aus
wie ein Clown!"

Da nimmt Lena sie an der Hand und rennt mit ihr in die Turnhalle.

„Komm, sei keine Spielverderberin", sagt sie lachend. „Du bist nur bunt wie ein Papagei. Und das ist doch wunderschön!"

Prinz, der Kicker

Anton ist neu in der Klasse.
Nirgends gehört er richtig dazu.
Immer ist er allein.

Nicht einmal beim Kicken auf dem Schulhof darf er mitmachen.
Denn Stefan hat gesagt, dass sie schon genügend Kicker sind.

Deshalb schaut Anton
in der großen Pause den anderen
beim Fußballspielen nur zu.

Da raschelt es hinter ihm
im Gebüsch. Erschrocken
dreht sich Anton um.

Es ist Prinz, sein Hund.
„Was machst du denn hier?",
fragt Anton erstaunt.

Prinz schielt nach Antons Brot.
„Du Vielfraß!", lacht Anton und bricht
ihm ein Stück davon ab.

„Gebt den Ball wieder her", hört er Stefan da rufen. Die älteren Schüler haben sich den Ball geschnappt.

Sie werfen sich den Ball zu.
Aber so, dass die Kicker ihn nicht erwischen können.

Die rennen und hüpfen hinter
dem Ball her. Die Großen lachen.

Plötzlich springt Prinz auf
und jagt über den Schulhof.

Er macht einen riesigen Satz
und schnappt sich den Ball.

„Prinz, hierher", ruft Anton.
Verdattert schauen die Großen
dem Hund hinterher.

„Gut gemacht", sagt Anton, als Prinz ihm den Ball vor die Füße legt.

Dann läuft er damit zu Stefan und den anderen Kickern.

„Gib den Ball wieder her, Kleiner",
drohen die älteren Schüler und
machen einen Schritt auf ihn zu.

„Lasst uns bloß in Ruhe", sagt Anton
und wirft den Kickern den Ball zu.

Lachend fängt einer der Großen
den Ball. Prinz knurrt und springt
auf ihn zu.

Erschrocken lässt er den Ball fallen.
Dann hauen die älteren Schüler
alle ab.

„Jetzt hast du aber genug mit dem Ball gespielt", sagt Anton zu Prinz.
Er schießt den Ball zu Stefan.

Und der ruft zurück: „Los, Anton,
zeig mal, ob du so gut kickst,
wie dein Hund knurrt!"

Claudia Lander wurde 1966 geboren. Sie studierte Geschichte und arbeitete dann mehrere Jahre als Redakteurin in einem Kinder- und Jugendbuchverlag. Inzwischen schreibt sie selbst Kinderbücher und ist als freie Lektorin tätig.

Kerstin Völker, geboren 1968 in Bad Schwartau, lebt und arbeitet heute in Hannover. Nach dem Grafik-Design-Studium, Praktikum und anschließender freier Mitarbeit in der Werbung liegt der Schwerpunkt ihrer Arbeit heute in der Illustration von Büchern, Zeitschriften und Spielen für Kinder aller Altersgruppen. Gelegentlich ist sie auch selbst als Autorin tätig – seit 1999 inspiriert durch Töchterchen Matilda.